Adagio

Proverbios

M. D. Peramarch

***Proverbios para reflexionar
en un mundo con prisas...***

I

*El futuro es
el ayer olvidado
de un tiempo pasado
que volverá a nacer.*

II

El hombre y la mujer

son dos aves que vuelan

errantes y sin saber

lo que hallan si se encuentran.

III

El hombre sincero camina
del vacío al sendero
y el hipócrita termina
donde empieza el primero.

IV

Cuando el llanto del niño se escucha

la madre le atiende preocupada,

él es la semilla de su lucha

con esta vida despiadada.

V

No la llaman tierra

porque tú la pisas,

sino porque en ella

se siembra.

VI

Entre la vida
y lo eterno
hay una tercera cosa,
olvídala.

VII

Sigue el camino correcto
del hombre sincero y honrado,
aunque hayas de andar siempre
con tu virtud solitario.

VIII

En esta vida fría
es ideal la verdad
y material la mentira,
recordad.

IX

Dejad que el río

siga su curso

encauzado

y obtuso.

X

¿Qué le pasa al papagayo

que ya no recita el credo?,

¿está viejo, triste, olvidado?

-No, de repente ha recordado

su vacío en el cerebro.

XI

La cigarra canta y sueña,
la hormiga busca y escarba,
olvida la primera,
imita la segunda, trabaja.

XII

*Cuando hayas
de cruzar una puerta,
hazlo siempre llamando
y nunca, por la fuerza.*

XIII

Mira al estúpido,
observa al hipócrita,
veras que tienen algo en común
y además, no les importa.

XIV

Lo importante en el mar

no es

ir,

sino volver.

Para ser,

hay que ser distinto…

… y algún día volver

por el antiguo camino.

XVI

Mírate un día en el espejo

y verás a un hombre distinto,

que quizás algún día llegues a conocer

y al que siempre llevas contigo.

XVII

Rompiese el día,

calló el viento,

¡despertad vuestra alma adormecida!,

¡sacadla del silencio!

XVIII

Hay dos formas de pensar,
una es con la cabeza y la otra con el alma,
utiliza una de las dos,
levántate y anda.

"Sé tú mismo"

dijo un loro

a su vecino…

… y respondió el otro:

¡no te quedes conmigo!

XX

Es el silencio

un pedazo de sonido

muerto.

XXI

¿Qué es un psicópata?,

¿un hombre?, ¿una bestia?,

o ¿quizás el producto

de una sociedad enferma?,

¡no te de miedo,

vamos, contesta!

XXII

Cada hombre lleva

a dos hombres consigo,

desconocidos y extraños

y además, distintos.

Hoy,

alguien ha muerto,

rogad por él,

silencio.

XXIV

Cuando los hombres

tenemos problemas

no nos importan los de los demás.

La libertad

es de cada uno,

tu libertad para los demás

no es libertad para ninguno.

Estar enamorado es
sentir la caduca fragancia
del deseo por un ser desconocido.

XXVII

*Amar es aceptar convivir
con los errores de alguien
sin caducidad.*

XXVIII

El deseo es el hambre de poseer.

XXIX

Para ser amado

es fundamental

corregir los errores propios observados

y pensar sin el yo, siempre en plural.

XXX

El sexo puede ser el lenguaje más sincero.

XXXI

*La ira es la ventana
abierta al viento frío
de la intolerancia.*

XXXII

Nuestro carácter sin máscara

se llama subconsciente.

XXXIII

Observar, medir y preguntar
son conceptos antagónicos
del verbo amar.

XXXIV

*La mejor poesía
es la que se escribe
sobre la piel
de la persona amada.*

www.ingramcontent.com/pod-product-compliance
Lightning Source LLC
Chambersburg PA
CBHW070036260726

48658CB00002B/644